AF296074

LES PYGMÉES,

TRAGI-COMEDIE

ORNEE DE MUSIQUE,
d'Entrées de Balet, de Machines,
& de Changemens de Theatre.

Representée en leur Hostel Royal, au Marais
du Temple à Paris.

Cunctarum est novitas gratissima rerum. Ovid. lib. 3.
de Ponto.

A PARIS,

Par CHRISTOPHE BALLARD, seul Imprimeur du Roy
pour la Musique, rue S. Jean de Beauvais,
au Mont Parnasse.

M. DC. LXXVI.

Avec Permission.

SUJET GENERAL
DES PYGMEES.

*S*I le charme de la Nouveauté surpasse tous les autres, en toutes choses ; (je le puis bien dire apres Ovide, & toute la Terre en demeure d'accord) l'entreprise des Pygmées doit plaire à tout le monde, puis qu'on y trouvera non seulement la Nouveauté, mais encore tous les autres charmes qui servent à faire les plus agréables & les plus nobles plaisirs du Siecle. La Comedie en est le fondement. L'Heroïque y est tres-bien soustenu. Le Risible n'en dément point la Majesté par la bassesse à laquelle on le voit ordinairement s'allier ; & le Galant, qui enchaisne l'un & l'autre, fait de ces differens caracteres l'assemblage le plus charmant & le plus judicieux qu'on ait veu depuis long-temps. Ce sont trois beautez en une ; la Greque, la Romaine & la Françoise. Les Spectacles pompeux, les Machines toutes surprenantes,

A ij

les Decorations magnifiques, les Habits extreme-
ment propres, les agrémens de Musique & de Dan-
ces, autant qu'il y en doit avoir, en sont les superbes
ornemens. Si des plus illustres Genies de l'Antiqui-
té, Homere, Aristote, Strabon, Pline, & Olaüs,
n'ont pas dédaigné d'écrire l'Histoire de ces Peuples,
il n'est pas indigne d'un esprit vif & brillant de ce
Royaume, d'avoir déterré cette Nation des montagnes des Indes Orientales, pour la faire servir aux
délassemens du plus grand Monarque qui ait jamais esté, & aux plaisirs innocens de ses Sujets.
Que leur petitesse ne les fasse point mépriser, ils feront tout ce que des Geans feroient, & peut-estre
avec meilleure grace. Ils soustiendront aussi bien
leur merite contre les ignorans & les injustes criti-
ques, qu'ils feront leur pays & leur liberté contre
les Grües, avec qui ils ont toûjours eû la guerre.
On diroit à tort que nos Pygmées sont des corps
sans ames; ils en ont trois pour une, & d'aussi rai-
sonnables qu'il en faut pour ce qu'ils ont à faire. Ils
sont semblables en ce point à un certain Roy nommé
Herilus, dont Virgile parle au 8. livre de son Eneï-
de, qui ne pouvoit mourir à moins de trois Morts
assemblées contre luy. A la verité, ce n'est que depuis
qu'ils ont respiré l'air de France: aussi nous remar-
quons qu'ils sont crûs à veuë d'œil, & qu'ils sont
embellis de moitié : le propre de nôtre Soleil estant
de faire profiter tous ceux qu'il regarde favorable-

ment ; sur tout les Nations étrangeres. Les Auteurs, que j'ay cy-devant citez, nous apprennent que les Pygmées sont de petits hommes, de la hauteur d'une coudée, qui habitent les montagnes des Indes Orientales ; quelques-uns disent les extrémitez de l'Affrique ; d'autres, les contrées Septentrionales : mais la plus commune opinion sur ce point, c'est la premiere. Tous conviennent que ce Peuple, monté sur des chévres & des beliers, armé d'arcs & de fléches, chaque année, au Printems, fait la Guerre aux Grües ; qu'il écache, le long du rivage de la mer, tout autant d'œufs de ces oyseaux qu'ils en peuvent rencontrer, leur principal but estant d'exterminer cette race ennemie, qui les trouble & les tourmente de tout temps. Pline écrit en son particulier, qu'ils habiterent autrefois la Ville de Geranée en Thrace, d'où ils furent chassez par les Grües ; & c'est de là, sans doute, qu'ils prirent occasion de se retirer dans les montagnes des Indes Orientales. Il les appelle quelquesfois Spithamiens. Voila ce que nous en rapportent les Anciens, & sur quoy l'on a imaginé, non seulement l'entreprise des Pygmées ; mais encore une piece de Theatre de mesme nom, comme estant plus convenable à l'établissement de la chose. L'on n'a rien épargné pour faire reüssir l'une & l'autre. Si les Curieux répondent aux soins qu'on a pris pour leurs divertissemens, le succez en est infaillible. Ce qu'on n'a point veu jusqu'icy, des figures humaines de quatre pieds de haut, richement habillées, en tres-grand nombre, sur un vaste & superbe Theatre representer des pieces en cinq actes, ornées de Musique, de Balets, de Machines volantes d'une invention toute nouvelle, & de changemens de Decorations, réciter, marcher, actioner comme des personnes vivantes, & tres-agréablement, sans qu'on les tienne suspenduës : c'est ce qu'on verra desormais à l'Hostel Royal des Pygmées, au Marais du Temple, à Paris.

ACTE PREMIER.

LA Salle entiere reprefente un puiffant Rocher, percé à jour, avec plufieurs niches, à droit & à gauche, qui ferviront de loges à ceux qui ne voudront pas eftre au Parterre. La Nature femble l'avoir fait exprés pour découvrir au travers le pays enchanté des Pygmées, & fervir de paffage, du moins aux yeux des Spectateurs, qui fouhaitent d'en remarquer les beautez furprenantes. Ce lieu eft difpofé de maniere, qu'on n'y fouffrira ni la chaleur exceffive de l'Efté, ni le trop grand froid de l'Hyver. La façade & les fupports du Theatre font partie de ce Rocher, & l'on en voit fortir de part & d'autre quantité de cafcades & de jets qui forment un canal d'eau vive, au delà duquel on découvre le Palais du Roy. La matiere dont il eft bafti, l'Ordre, les parties & les ornemens d'Architecture qu'on y apperçoit, n'ont rien de commun avec tous les autres bâtimens qu'on trouve au refte de la Terre.

Le Roy paroift inquiet & chagrin. Microton fon confident en impute la caufe à l'approche des Gruës, dont le nombre eft plus grand qu'il n'a jamais efté; & tâche à le tirer de fon inquietude, en luy vantant le zéle extréme de fes peuples, qui va jufqu'à faire prendre les armes aux femmes, ainſi qu'aux enfans, pour la deffenſe de ſes Eſtats. Le Roy luy fait entendre qu'il ſe trouve moins embaraſſé des affreuſes menaces de ſes ennemis que de ſes deux filles, Parvulie ſon aînée, & Pichonine ſa cadete, dont la premiere a rejetté l'amour de Picolus, un de ſes Generaux d'armée, pour ſe garder à la memoire de Timas, à qui elle avoit eſté promiſe en mariage ; & la ſeconde eſt recherchée par ce mê-me Picolus, depuis qu'il a eſſuyé les refus de l'aînée, & par Belus, en meſme temps, ſon autre General, & le premier qui s'eſt déclaré pour cette cadette. Ces deux Princes ſont extrémement neceſſaires au Roy, pour luy conſerver ſes Eſtats, ſur tout, dans la preſente con-jonЯcture, où ſes ennemis ſemblent beaucoup plus forts que luy. Si Parvulie eût agreé la recherche de Picolus, Belus eût eu lieu d'épouſer Pichonine ; le Roy ſe fût fait de ces deux gendres deux fermes appuis de ſon Trône ; & l'obſtination de Parvulie le prive de ce grand avantage. D'ailleurs, il craint de faire un dan-gereux mécontent d'un de ces deux Generaux, en don-nant ſa cadette à l'autre ; c'eſt ce qui fait ſon trouble & ſa peine. Voyant approcher ces deux rivaux & les Princeſſes, il commande à Microton d'aller au Tem-ple, pour apprendre le ſuccez d'un Sacrifice qu'il a or-donné pour rendre Mars favorable à ſes Armes, & de luy en rapporter au pluſtoſt des nouvelles. Les deux Princes, chacun en ſon particulier, ſe plaignent au Roy de ce qu'il n'a point encor fait entr'eux le choix d'un gendre, & nommé l'Epoux de Pichonine. Il s'en excuſe d'une maniere obligeante, & rejette la cauſe de

ſon

son silence sur Parvulie. Picolus témoigne qu'il n'y
songe plus, d'un air qui luy attire une douceur trés-
piquante de la part de cette Princesse. Pichonine qui
trouveroit sa satisfaction à les voir tous deux unis
sous les loix de l'Hymen, d'autant qu'elle n'auroit
plus de traverses à essuyer dans ses amours avec Belus,
& qu'elle l'épouseroit suivant ses souhaits, invite sa
sœur à traiter plus favorablement ce Prince; mais elle
y perd son temps & ses paroles. Ces deux Rivaux
prests à se pousser au sujet de Pichonine, sont arrestez
par le Roy, qui voudroit remettre ce choix qu'ils pres-
sent aprés le combat : mais enfin il se voit obligé de
declarer, que celuy des deux qui sera le vainqueur de
ses ennemis, sera l'époux de sa cadette; à quoy ils
donnent les mains avec plaisir. Microton revient du
Temple avec plusieurs Officiers & Assistans du Sacrifice, tous allarmez de ce qui s'y vient de passer, &
deux des Officiers, aprés une symphonie qui marque
leur inquiétude & leurs alarmes, chantent ces paroles.

Qu'allons-nous faire,
Helas, helas,
Si le Dieu des Combats
Nous est contraire ?
Helas, helas,
O Mars estes-vous las
D'estre nôtre Dieu Tutelaire ?
Quoy ne voulez-vous pas
Détourner la misere,

B

Et le trépas
De nos climats ?
Qu'allons-nous faire , &c.
Si des ingrats
Dans ces Eſtats
Ont ozé vous déplaire ,
Confiez-nous vôtre colere ,
Nous les immolerons nous-meſmes de ce pas.
Qu'allons-nous faire , &c.

Les autres expriment par leurs démarches &
par leurs actions , au ſon des inſtrumens , le chagrin , la crainte & la douleur qui les agitent. Le
Roy ſurpris de ces plaintes en demande la cauſe à Microton, qui luy donne lieu de craindre que Mars ne
favoriſe ſes ennemis à ſon déſavantage. Le recit qu'il
fait des incidens ſiniſtres qui ſont arrivez au Sacrifice, jette la peur & l'étonnement dans l'ame des Princeſſes; Picolus n'y peut reſiſter ; le Roy s'en laiſſe em-
parer; Belus le r'aſſure : Sémiandre, un des Aſſiſtans, en
fait de meſme, & luy conſeille de députer quelqu'un
au Ciel, pour tirer de Mars l'éclairciſſement de leur
doute. Le Roy, aprés avoir pris l'avis des Princes, le
commet avec Homoncius pour cette députation, dont
il ſe charge volontiers. Tous ſe retirent. Ormin confident de Picolus , que les affaires d'Eſtat touchent
moins que celles de ſon amour pour Francine confidente de Pichonine, diſſipe les idées triſtes & lugu-
bres que l'auditeur pourroit avoir conceuës dans les
Scenes précedentes, par ſon teſte-à-teſte avec ſa maî-

treſſe. Ce pauvre amant ſe voyant enfin mépriſé, ſe veut tuër de deſeſpoir; mais le Roy luy fait le plaiſir de l'en empeſcher. Il demande à ſon Confident ſi Sé-miandre doit bien-toſt partir; Il apprend qu'il le verra dans peu s'enlever aux Cieux ſur un char attelé de quatre Aigles, que la faim & l'inſtinct naturel portent à ſuivre en l'air du gibier en vie, que Sémiandre & Homoncius tiennent en veuë de ces oyſeaux; mais dans un tel éloignement, qu'ils n'y peuvent point at-teindre. Ces deux Députez paroiſſent auſſi-toſt dans leur machine. Le premier fait les complimens au Roy, qui luy promet une récompenſe conſiderable au re-tour de ſon voyage. Ils pourſuivent enſuite leur rou-te, & le Roy ſe retire incontinent aprés, avec ſa ſuite. Le vol de ces deux Députez eſt aſſez nouveau dans ſon eſpece, puis qu'il part d'une des aiſles gauche du Theâ-tre, comme pour entrer dans celle qui luy eſt oppoſée, & neantmoins ſe va perdre ſur le Cintre.

Fin du premier Acte.

ACTE SECOND.

UN Parc compofé de Jardinages, de Parterres, de Bois, de Figures, de Fontaines, & autres embelliffemens, en fait la décoration.

Ce lieu, pour ainfi dire, fert d'azyle à Parvulie contre les perfecutions continuelles du Roy fon pere, qui s'efforce de luy arracher du cœur l'amour qu'elle veut éternelement conferver pour le Prince Timas, dont les funeftes idées l'entretiennent dans des chagrins & des douleurs qui ne luy donnent aucun relâche. La Plainte qui fuit, & qu'elle chante, pour donner plus de force à fa paffion, fait voir les fentimens qui regnent dans fon ame.

PLAINTE DE PARVULIE.

Que feras-tu, mal-heureufe Princeffe,
Que dois-tu devenir ?
Tu ne reverras plus l'objet de ta tendreffe ;
S'il vit, c'eft dans ton cœur, & dans ton fouvenir,
Helas, & chacun s'intereffe
A l'en bannir.
Que feras-tu, mal-heureufe Princeffe,
Que dois-tu devenir ?
On pretend que j'oublie

L'illustre Amant qui me tient sous sa loy,
Que je le prive de ma foy:
Non, je ne consens point à cette perfidie:
Qu'on m'arrache plûtost le jour,
Je perdray moins qu'en perdant mon amour.
Mais seule avec tant de foiblesse,
Pourras-tu long-temps soûtenir
Les durs efforts qu'on redouble sans cesse
Contre l'unique objet de ta juste tendresse,
Dont on cherche à te desunir?
Que feras-tu, mal-heureuse Princesse,
Que dois-tu devenir?

Aprés un moment de silence & de reflexion secret-
te, elle reprend la parole, & chante l'Air suivant.

AIR DE PARVULIE.

Cherchons l'Echo dans le fonds de ces Bois,
Luy seul par la charmante voix
Peut soulager un cœur qui languit dans ses chaînes:
Il offrira du moins ce plaisir à mes peines,
De me redire incessamment
L'aimable nom de mon Amant.

Elle n'a pas plûtost cessé de chanter, qu'elle apperçoit avec chagrin Zélone sa confidente, à qui elle
confirme la resolution où elle est, de ne changer jamais son amour pour Timas. Zélone luy répresente
qu'il a esté défait dans le dernier combat donné con-

tre les Gruës. Cette raiſon, & pluſieurs autres qu'elle
employe pour la perſuader du contraire de ſes ſenti-
mens, ne ſervent qu'à l'y affermir davantage. Des
Bergers enfoncez dans l'épaiſſeur des Bois, qui ne
ſongent qu'à ſe divertir entr'eux, chantent fort à propos le Dialogue ſuivant.

DIALOGUE DES BERGERS.

PREMIER BERGER.

Il n'eſt rien de ſi beau qu'un cœur tendre & fidelle.

SECOND BERGER.

Il n'eſt rien de ſi doux qu'une amour éternelle,
Alors qu'un autre cœur brûle des meſmes feux.

PREMIER BERGER.

C'eſt de quoy remplir tous nos vœux.

ENSEMBLE.

Mais quand on brûle ſeul, & non pas deux à deux,
Il n'eſt rien de moins beau qu'un cœur tendre & fidelle;
Il n'eſt rien de moins doux qu'une amour éternelle.

Zélone invite encore cette Princeſſe à ſe défaire d'un
feu qui la fait brûler en vain. Parvulie luy ferme la
bouche en peu de mots, dont voicy les derniers.

Ce ſont là de l'Amour les veritables loix,
Aimer toûjours, & n'aimer qu'une fois.

Enfin, ne ſçachant plus par où combattre la réſo-
lution de ſa Maîtreſſe, elle ſouhaiteroit que les meſmes Bergers expliquaſſent, à ſon défaut, ces maximes
amoureuſes. Ils le font ſans paroiſtre de concert avec
elles, & chantent les paroles ſuivantes.

CHANSON DES BERGERS.

Il faut, il faut aimer toûjours,
Quand nous ſommes aimeZ ſans ceſſe;
Mais ſi d'un coſté l'amour ceſſe,
De l'autre il doit finir ſon cours.

Parvulie reſte inébranlable dans ſon deſſein d'aimer Timas éternellement, nonobſtant que Zélone
luy ait redit ce qu'elle vient d'entendre des Bergers;
meſme ajoûté que la mort luy doit avoir enlevé l'a-
mour de ſon Amant avec ſa vie. Pichonine fait plaiſir
à Zélone de la relever d'un entretien où elle auroit
peine à fournir. Cette Cadette n'a pas plûtoſt commencé de parler à ſon aînée en faveur de Picolus,
qu'elle eſt contrainte à ſe taire. C'eſt en vain qu'elle
luy voudroit faire croire que le ſeul intereſt d'Eſtat
l'anime en ce rencontre, puis que Parvulie, non ſeu-
lement la force à déclarer que Belus eſt le Souverain de
ſon ame ; mais encore luy fait entendre qu'elle con-
noiſt bien que la recherche de Picolus la gêne &
l'outrage, qu'elle s'en taiſt au Roy pour ne le pas aigrir,
& qu'enfin elle n'aimeroit à le voir ſon Beau-Frere, que
parce qu'elle le hait pour ſa ſeule perſonne, & plus encore, pour la qualité de ſon époux qu'il recherche avec
empreſſement. Parvulie, aprés avoir raillé finement ſa

sœur, la voyant preste à s'emporter, luy en épargne la peine par sa retraite. Pichonine demeure seule avec sa confidente, qui calme, autant qu'elle peut, le trouble de son cœur. Bélus, avant que de s'engager au Combat, vient prendre congé de sa Princesse. La retenuë de l'une & l'ardente amour de l'autre font la matiere d'une conversation toute charmante, que le désespoir d'un Amant qui se voit rebuté, démentiroit à la fin, si la tendresse allarmée de Pichonine ne forçoit sa bouche à déclarer ouvertement son amour à ce Prince, à qui cette déclaration manquoit pour s'en croire absolument aimé. Bélus reste dans une joye indicible, & dans des ravissemens inconcevables: mais l'abord de son Rival, sa fausse bravoure, & ses railleries grossie-res, l'obligent à soûtenir le caractere d'un veritable Heros & d'un Amant qui se connoist aimable autant qu'il est aimé. Le Roy survient & s'étonne de voir ces deux Generaux ensemble éloignez des Armées, dont il leur a donné le commandement. Bélus s'en justifie. Picolus prest à faire le mesme, s'arreste pour faire ob-server Sémiandre qui revient des Cieux, avec des as-seurances de r'emporter une entiere victoire sur leurs ennemis, & d'un secours extraordinaire que Mars leur doit envoyer à ce sujet. On peut s'imaginer combien ces agreables nouvelles causent de joye dans l'esprit du Roy, & combien elles relevent le courage des Princes. Les sentimens genereux d'une part, & les obligeantes promesses de l'autre ne manquent pas; & ce font eux qui terminent cét Acte. Les Ber-gers qu'on vient d'entendre chanter, sans les avoir veûs, paroissent aux yeux des Auditeurs, pour leur

chanter

chanter les paroles suivantes, & dancer aprés une
Entrée de Balet, qui convient au sens de ces paroles.

AIR DES BERGERS,

Tout est mort dans nôtre vie,
Sans l'Amour & ses douceurs ;
Il est l'ame de nos cœurs,
Quand ils suivent son envie :
Consentons tous au trépas
Plûtost que de n'aimer pas.

Fin du second Acte.

ACTE TROISIESME.

LE Theâtre répresente, d'un costé, le camp des Pygmées, & de l'autre des rochers inaccessibles, avec la Mer en perspective.

Timas paroist en l'air avec trois de ses Amis, tous portez par des Gruës, & tous dans le dessein de délivrer à jamais la Patrie des ennemis qui la tourmentent. Ce Prince qui ne doit pas estre surpris pour mieux surprendre, entendant du bruit, s'en retourne derriere les rochers, d'où il estoit sorty. Les Pygmées marchent & se rangent en bataille. Le Roy fait un discours à ses Armées, qui seul donneroit du courage aux plus timides. Les Generaux y répondent comme ils doivent. Microton donne avis au Roy de l'approche des Gruës, dont le nombre est plus grand qu'il n'a jamais esté. Les Princes se réjoüissent d'avoir une si belle occasion de signaler leur valeur, & Picolus va se mettre à la teste de son Armée. Bélus prie le Roy de se retirer; ce qu'il fait avec des termes fort obligeans. Ce brave General voyant les Gruës fort avancées, donne les ordres necessaires pour le combat, qui se fait ensuite avec beaucoup de vigueur au bruit d'une Symphonie, qui donneroit envie de combattre à ceux qui n'y songeroient pas. Timas, dans le temps que les Gruës sont toutes assemblées, & s'acharnent le plus au carnage, s'éleve en l'air au dessus d'elles, dans toute l'étenduë de leur Armée, avec tous ceux de ses amis & de ses confidens, qu'il a disposez à son ex-

pédition : ils laiſſent tous tomber des filets qui les enve-
lopent & les atterrent de telle ſorte, qu'elles ne ſont plus
en eſtat ny d'attaquer ny de ſe défendre. Bélus s'ima-
gine alors que ce ſecours extraordinaire eſt celuy que
Sémiandre a fait eſperer de la part de Mars. Il luy
vient à propos pour empeſcher ſes ſoldats de prendre
la fuite, & pour leur faire achever la victoire que
Timas a commencé d'aſſeurer. On combat enfin avec
une ardeur incroyable. Il ne reſte que tres-peu de
Gruës qu'on enchaîne. Les Pygmées ſe retirent au ſon
des inſtrumens qui joüent des fanfares. Bélus apper-
cevant de loin Timas ſans le reconnoiſtre, & quelques-
uns de ſes Amis à ſa ſuite, s'arreſte pour ſçavoir quels
ils ſont. Il eſt fort ſurpris, & fort ravy quand il revoit
ce Prince qu'il eſtime infiniment, aprés avoir crû ſi
long-temps qu'il eſtoit mort. Timas luy fait entendre
que ce ſecours, dont j'ay parlé cy-devant, eſt l'effet de
ſon amour pour la Patrie, & de l'aſſiſtance de ſes amis.
Ces deux Princes, aprés quelques complimens reci-
proques, quittent la Scene pour aller informer le Roy
de ce qui s'eſt paſſé. Ormin voulant meriter les bonnes
graces de ſa Maîtreſſe, qui n'aime que les gens de
cœur, fait ce qu'il peut pour ſe montrer vaillant. Il
jure, il peſte, il paroiſt fort en colere, il vomit des in-
jures, il tranche, il pointe, il eſtocade de loin contre
les Gruës qui reſtent ſur la place. Que luy ſerviroit-il
de s'en approcher, & de porter ſes coups ſur elles, puis
qu'elles ne les ſentiroient pas ? Ce ſeroit peine perduë.
Juſques-là jamais homme n'a paru ſi brave; mais jamais homme auſſi n'a paru ſi lâche, qu'au moment
qu'il entend des ſoldats qui viennent pour enlever les

corps des Pygmées & des Ennemis qui sont demeurez dans le Combat, & qu'on parle d'assommer & d'achever ce qui conserveroit encore quelque reste de vie. Sa prudence luy conseille de faire semblant d'avoir perdu le jour, pour ne le pas perdre en effet: il donne aveuglement les mains à cét avis salutaire. Comme il voit dans la suite, qu'on le plaint de sa disgrace, & qu'on ne songe point à luy faire aucun mal, mais seulement à l'emporter avec les autres corps morts; il se ressuscite luy-mesme, & finit cét Acte par quantité de plaisanteries fort divertissantes. Des soldats armez dançent, en réjoüissance de la Bataille gagnée sur les Gruës, & forment une Entrée de Balet toute de Jeux & de Plaisirs. Le cliquetis de leurs Armes, les acclamations publiques, le bruit des instrumens, toutes ces choses ensemble font un mélange pour les yeux & pour les oreilles, qui n'a rien que de fort charmant. L'on chante les paroles suivantes en faveur de la Victoire.

CHANT DE VICTOIRE.

Victoire, Victoire, Victoire.
Bannissons de nôtre mémoire
Les chagrins & les maux soufferts:
Victoire, Victoire, Victoire.
Ne songeons qu'à chanter la gloire
Des Heros qui brisent nos fers:
Victoire, Victoire, Victoire.
Ne pensons, malgré l'humeur noire,
Qu'à joüir des plaisirs offers:
Victoire, Victoire, Victoire.

Fin du troisiéme Acte.

ACTE QVATRIESME.

LA Scene change & fait voir une Place publique composée de plusieurs sortes de bâtimens, & quantité de Pygmées aux fenestres, en attendant le triomphe des Vainqueurs.

Le Roy, que la Victoire asseure sur son Trône, en mesme temps qu'elle établit pour jamais le repos & la liberté de ses Peuples, exprime la joye qu'il en ressent. Pichonine au contraire, se plonge dans une profonde tristesse, se voyant prés de passer dans les bras d'un Prince pour qui elle n'a que du mépris & de l'aversion. C'est Picolus, à qui l'on attribuë la victoire, & qui, suivant la parole expresse du Roy, que le Vainqueur sera l'époux de sa cadette, la doit infailliblement épouser. La repugnance, les larmes, les prieres, les violens transports de cette Princesse ne peuvent vaincre la fermeté de son pere, & le faire consentir à violer sa parole. Microton saisi de douleur vient informer le Roy de la mort d'un des Generaux. Pichonine souhaiteroit que ce fût Picolus; mais Microton ne sçait absolument qui des deux a perdu la vie, & toutefois donne lieu de croire que c'est Bélus, plûtost que son Rival. Le coup est trop accablant pour la Princesse; elle y succombe aussi dans le moment, & se pâme entre les bras de Francine. Le Roy donne ordre à son confident d'aller chercher du secours. Parvulie survient & se montre fort surprise de trouver sa sœur en cét estat. Elle en apprend la cause de son Pere. Tous deux, & Francine de son

cofté, font ce qu'ils peuvent pour la faire revenir de
fa pâmoifon. Le nom de Bélus, qu'elle entend pro-
noncer, fait luy feul plus que tout le refte. Ce qui
oblige le Roy de luy faire accroire que ce Prince eft
vivant, & qu'elle le doit bien-toft voir, fuppofant
qu'un courier, dans le temps qu'elle eftoit évanoüie,
eft venu luy en apporter la nouvelle affeurée. Cette
fauffeté veritable luy épargne la moitié de fes déplaifirs. Elle refte toûjours en proye aux autres, que
luy caufe l'affreufe penfée d'époufer l'objet de fa haine.
Un foldat annonce l'arrivée du Vainqueur. Pichonine
fe retire auffi-toft, ne pouvant fouffrir la veuë de ce
Prince odieux, ny mefme qu'on en parle en fa préfen-
ce. Un moment encore l'euft fait fortir de fon erreur
& de fes chagrins pour entrer dans une joye inconce-
vable; elle euft veû fon cher Bélus, contre l'attente
de toute la Cour; elle euft appris que Picolus avoit
ufurpé la qualité de Vainqueur qui appartenoit à fon
Rival, qu'il auroit affaffiné fans ce foldat à qui il avoit
confié fon deffein, & qui avoit feint de le vouloir exé-
cuter pour en empefcher la cruelle exécution; & pour
furcroift de contentement elle euft appris la mort de
ce perfide. Parvulie a efté mieux infpirée, de demeu-
rer auprés fon Pere; elle revoit fon aimable Timas,
qu'elle croyoit dans le tombeau. Toutes fes efpe-
rances revivent, & fes déplaifirs meurent pour jamais. Ces Princes font receus du Roy comme ils le
meritent. Timas luy rend compte de ce qu'il a fait
pendant fon abfence, & luy explique par quel moyen
il a fecouru fes Armées, & contribué à la Victoire
qu'on a remportée fur le Gruës : auffi le Roy veut
qu'il triomphe conjointement avec Bélus, mais d'une

autre maniere, & luy accorde la main de Parvulie, dont il a tout le cœur. Ceux qui liront ou verront representer la Piece auront la satisfaction de remarquer quantité de jeux de Theâtre, de surprises & d'entretiens touchans qui sont renfermez, non seulement dans cét Acte ; mais encore dans tous les autres, & dont je ne parle point icy pour abreger ce Discours, autant qu'il m'est possible. Ormin qui n'a que sa Francine en teste, & qui la cherche par tout, la rencontre fort empressée d'aller trouver le Roy. Il ne peut joüir qu'un moment de son entretien, encore est-il forcé ; ce moment toutefois qu'il passe avec elle, en fera passer de fort agreables à l'auditeur. Le Triomphe de Bélus, par terre, & de Timas en l'air, sur des Gruës, se fait avec toute la pompe & toute la magnificence qui luy conviennent. Le spectacle en est d'autant plus curieux qu'il est rare & particulier à ce Peuple. Plusieurs gens de qualité prevenans les réjoüissances publiques, dancent une Entrée de Balet tres-galante, aprés qu'un d'eux a chanté ce qui suit.

CHANSON D'UNE PERSONNE DE QVALITE'.

L'Amour a pour nous
Des peines cruelles ;
L'amour a pour nous
Des plaisirs bien doux :
Les Ames rebelles
Souffrent ses rigueurs ;
Les Amans fidelles
Goûtent ses douceurs.

Fin du quatriéme Acte.

ACTE CINQVIESME.

C'EST dans un Palais beaucoup plus magnifique que le premier, enrichy de colomnes de lapis, de plumes d'oyseaux de differentes couleurs, & autres choses précieuses, que se passe le dernier Acte.

Sémiandre fait entendre au Roy, que son voyage aux Cieux est purement supposé, & que c'est une ruse qu'il a pratiquée pour r'affermir le courage des Peuples, que les incidens fâcheux arrivez au Sacrifice avoient extrémement ébranlez ; & pourtant que sa machine luy a servy pour aller trouver Timas, avec qui il a toûjours eû commerce pendant son absence, afin de le presser de s'approcher au plûtost, pour mettre au jour l'illustre entreprise dont le succés est si favorable à la Patrie. Le Roy luy en sçait bon gré, & commande à Microton de faire venir Pichonine. Sémiandre s'entretient avec luy de la joye qu'il croit que cette Princesse doit ressentir de son mariage avec Bélus, la croyant informée de la verité touchant le vainqueur & de la mort de Picolus : mais il apprend que l'erreur de cette Princesse dure encore, & que le Roy l'y entretient exprés, pour la punir d'avoir esté rebelle à ses volontez, au sujet de Picolus, qu'il luy parloit d'épouser, dans le temps que luy-mesme le croyoit autheur de la victoire. Elle arrive avec Microton qui la conduit. Son pere la presse de préparer sa main pour la donner au vainqueur ; elle y résiste autant qu'elle peut. Enfin, aprés avoir inutilement tenté les prieres

&

& les pleurs, elle luy présente un poignard, & le conjure de le luy plonger dans le sein. Bélus se trouve à propos pour la désarmer. Ce n'est pas l'obliger dans le désespoir où elle est; elle le fait bien connoître par les instances qu'elle fait à ce Prince de luy ravir le jour, ou de la délivrer d'un hymenée qui luy paroist plus terrible & plus cruel que la Mort. Il est aisé de penser qu'il n'a point d'oreilles pour ces outrageantes prieres; car comme il croit sa maîtresse désabusée des faux bruits que Picolus avoit fait courre, & persuadée de la verité, ainsi que toute la Cour, il s'applique toute la répugnance & toute l'aversion qu'elle montre pour ce mariage, auquel il aspire avec tant d'empressement, & ne peut consentir à se trahir luy-mesme, en donnant les mains à la perfidie apparente qu'elle semble opposer à son ardeur fidele. Pichonine prend son refus pour un sensible outrage, & le traite avec tout le mépris & toute l'indignation qu'elle croit luy devoir. Il ne sort point pour cela du respect; il se plaint seulement de ce qu'elle n'a point esté présente au triomphe; & en attribuë la cause au peu de cas qu'elle fait de sa personne & de ses feux. Cette plainte l'oblige à luy faire valoir ce procedé comme une insigne marque de son amour extrême; n'ayant pû, dit-elle, prendre plaisir à voir son rival (c'est Picolus dont elle entend parler) parmy les acclamations publiques, insulter à leurs feux & dérober sa gloire; ny s'imaginer qu'il ait merité les honneurs qu'il a receus, & les lauriers dont on l'a couronné. Timas présent à cét entretien, qui n'est point informé de l'erreur de cette Princesse, & qui vient de triompher avec Bélus, se fait

D

une sanglante injure de ce discours piquāt; il la traite aussi, sur tout, au sujet de ce mot de rival, d'une ma- niere qu'on auroit peine à luy pardōner, si la présence de Parvulie ne l'excusoit en quelque façon. Pichonine en paroist toute surprise, d'autant plus qu'elle ne pense point à ce Prince; & comme elle veut éclaircir toutes choses, sa sœur l'entreprend & la pousse assez pour vanger son amour & ses charmes qu'elle croit avoir esté cruellement outragez. Le Roy pouvoit épargner tous ces déplaisirs à Pichonine; mais il y semble prendre plaisir. Elle en fait cesser une partie par la déclaration qu'elle fait, que ce qu'elle a dit jusqu'icy de désobligeant, ne regarde ny sa sœur ny Timas, mais seulement Picolus; & son pere la délivre de tous les autres en luy apprenant la mort de ce Prince, dont le nom seul luy a causé tant de maux & d'alarmes; luy assûrant encore Bélus pour son époux. Les tendres éclaircissemens, les douces esperances, la joye & les plaisirs prennent la place des troubles, des chagrins, des larmes & des peines qui ont regné jusqu'à present. Le Roy ne veut plus entendre parler désormais que de réjoüissance. Fran- cine secondant ses intentions, invite chacun à les suivre par ces paroles qu'elle chante.

CHANSON DE FRANCINE.

Joüissez, joüissez des charmes de la vie,
Tandis qu'ils flatent vos desirs;
Il n'est plus temps de goûter les plaisirs,
Lors qu'on en a passé l'envie:

Les biens les plus charmãs perdent tous leurs appas,
Du moment qu'ils ne plaisent pas.

Si le Roy parle d'établir des jeux & des festes, c'est, sur tout, pour y honorer le Monarque Dieu des François, & pour luy rendre grace de la glorieuse protection, dont les Pygmées luy sont redevables. Les Princes & les Princesses applaudissent ces nobles sentimens. Mercure paroist en l'air, & leur témoigne que les Dieux les approuvent. Voicy comme il s'explique.

DISCOURS DE MERCURE.

Les Dieux viennent de tout entendre,
Et je vous déclare pour eux;
Qu'ils ne prendront jamais pour une offence,
Que vous instituiez des festes & des jeux
En l'honneur du Dieu de la France;*   *LE RO[Y]
Que vous poussiez vers luy des vœux;
Et que vous l'adoriez dans des Temples fameux.

Le Soleil traversant le Ciel sur son char, qu'il conduit en demi-cercle, le déclare en son particulier, avec des termes trés-obligeans. Ce sont ceux qui suivent.

DISCOURS DU SOLEIL.

Quant à moy, je luy céde en tout la préference;
Et si les nuits, aussi-bien que les jours,
Ne servoient pas à son ardeur guerriere,

Dans le milieu de ma carriere,
Souvent pour luy j'arresterois mon cours.

Le Soleil estant disparu, Mercure recommence à parler de la sorte.

AUTRE DISCOURS DE MERCURE.

Quoy que de ma nature,
Je sois un peu fourbe & menteur,
Le Soleil qui ne fût jamais un imposteur,
Fait voir que mon discours est la verité pure.

Mars croit qu'il est de son devoir de faire la mesme chose. Il sort du fonds de la Gloire, sur son char, qu'il fait descendre à trois pieds de terre, & s'en acquite de fort bonne grace. Aprés quoy il remonte aux Cieux, vers le cintre, avec une telle rapidité, que la veuë a peine à la discerner. Jugez si Mars n'est pas pour le moins autant éloquent, qu'il est brave ; & consultez pour cela les termes suivans, dont il se sert.

DISCOURS DE MARS.

Moy pareillement je l'asûre ;
C'est bien à ma confusion,
Et je suis garant que Mercure
Dit vray dans cette occasion.
Il peut encor plus dire ;
Mesme, il en a permißion.
La France est à présent un si célebre Empire,
Que mes Co-éternels, s'il estoit question

De l'échanger (par suppofition)
Contre leur féjour qu'on admire,
Ils recevroient bien-toft la propofition,
Y foufcrivât, fans doute, ils n'auroient pas du pire;
Pour moy, je ne dirois pas non:
Je me contenterois à moins (l'ofay-je dire?)
Je me contenterois de porter le grand nom
Du Monarque Divin, qui... mais je me retire.

Mercure difparoift au mefme inftant que Mars, luy coupant chemin, par un vol hemi-fphérique, tout contraire à celuy du Soleil. Toute la Cour fe retire pour aller joüir des plaifirs qui luy font préparez.

Deux partis, l'un de Vignerons & l'autre de Bergers, font voir la part qu'ils prennent à la joye publique. Un des premiers chante ce qui fuit.

CHANSON DES VIGNERONS.

Compagnons, guerre, guerre, guerre
Contre l'amour & le chagrin;
Armons-nous du pot & du verre,
Bachus conduit nôtre deftin.
Si quelque foin nous preffe
Dans ce combat divin,
C'eft qu'on tire fans ceffe
Par tout des coups de vin.

Les Vignerons dancent enfuite. Le mefme chante ce fecond couplet.

SECOND COUPLET DE LA CHANSON
DES VIGNERONS.

Combattons tous avec audace,
Et cédons au nombre des coups ;
Il nous faut reſter ſur la place,
Et demain nous revivrons tous :
Quand il s'agit de boire,
Les loix du Dieu Bachus
Ne donnent la victoire
Qu'à ceux qui ſont vaincus.

Une lumiere toute ſurprenante, que la veuë ne peut preſque ſupporter, oblige le Roy & toute la Cour d'interrompre cette réjoüiſſance, pour chercher la cauſe de cette merveille. Jupiter aſſis ſur ſon Trône, dans un ciel tout brillant de gloire, au milieu de tous les Dieux, la luy fait bien-toſt connoître, & luy confirme ce que Mercure luy a témoigné de leur part. C'eſt ainſi qu'il en parle.

DISCOURS DE JUPITER.

Tu vois au milieu de ſes Dieux
Le Maître du Tonnerre.
Ils te confirment par ma voix,
Ce que Mercure a dû te faire entendre
Au ſujet du Dieu des François.
Le Ciel prendroit le party qu'il faut prendre
S'il ſe ſoûmettoit à ſes loix.   [ples,
Nous vous ſçaurons bon gré de luy bâtir des Tem-
Et dans nos cœurs, au moins, nous ſuivrons vos
exemples.

N'ayez point de plus chers defirs,
Que de fervir, tantoft à fes plaifirs,
Et tantoft à chanter fa gloire :
Nous en ferons de mefme, & vous le devez croire.
Que dans tout l'Univers,
Et fur la Terre, & dans les Airs,
Cette nouvelle foit femée
Par Mercure & la Renommée.

Ces deux Divinitez obeïſſent incontinent à fes ordres. Elles s'élancent, pour cét effet, du Ciel en terre;
s'élevent enſuite en l'air, formant un demy-rond, à
l'oppofite l'un de l'autre, & prennent enfin leur route,
cofte à cofte, vers le Cintre, où elles fe dérobent aux
yeux des Spectateurs. Les Vignerons & les Bergers
que la prefence du Roy & de la Cour avoit troublez
dans leurs plaifirs, recommencent leurs Jeux & leurs
Chanfons, pour achever la réjoüiſſance publique &
les divertiſſemens de la Piece.

CHANSON DES VIGNERONS.

Heureux qui peut fuivre
Le Dieu des Tonneaux !
Le Vin feul nous livre
Les biens fans les maux.
Le plus doux Empire,
Bachus, c'eft le tien ;
Si l'on y foûpire,
C'eft d'eftre trop bien.

Les Bergers jaloux des interefts de leur Dieu, font

chanter fur le mefme air des Vignerons les paroles
fuivantes à la gloire de l'Amour.

SECOND COUPLET CHANTE' PAR UN
des Bergers fur l'air des Vignerons.

Soyons fous les armes
Du Dieu des amours ;
Parlons de fes charmes ,
Penfons-y toûjours :
Ainfi nôtre vie
Dans tous fes momens
Se verra remplie
De plaifirs charmans.

Leurs agreables débats fe terminent enfin par un
heureux accord. Ces paroles qu'ils chantent d'un &
d'autre party, en r'enferment les articles & les rai-
fons inconteftables.

TROISIESME COUPLET CHANTE' PAR LES
Bergers & les Vignerons enfemble.

Bachus fur la terre
Fût bien amoureux ;
L'Amour & fa Mere
Boivent dans les Cieux :
Voulons-nous nous faire
Un fort plus heureux ?
Ceffons nôtre guerre ,
Et faifons comme eux.

L'entrée de Balet qu'ils dancent tous enfemble, eft
l'agrément qu'ils y donnent.

Fin du cinquiéme Acte